DE LA
COLONISATION
DES CONDAMNÉS.

DE LA
COLONISATION
DES CONDAMNÉS,

ET

DE L'AVANTAGE QU'IL Y AURAIT POUR LA FRANCE
A ADOPTER CETTE MESURE,

PAR

M. BENOISTON DE CHATEAUNEUF.

Paris.

MARTINET, LIBRAIRE,
RUE DU COQ, N° 15.

1827.

DE L'IMPRIMERIE DE GUIRAUDET,
RUE SAINT-HONORÉ, N° 315.

DE LA
COLONISATION
DES CONDAMNÉS,

ET

DE L'AVANTAGE QU'IL Y AURAIT

POUR LA FRANCE,

A ADOPTER CETTE MESURE.

Tout état qui n'éprouve ni guerre longue et ruineuse, ni disette, ni famine, ni épidémie; chez lequel l'industrie, l'agriculture, le commerce, fleurissent et répandent l'aisance, voit bientôt augmenter sa population. La France est dans ce cas.

Les classes inférieures, moins tourmentées par le besoin, mieux vêtues, mieux logées, mieux nourries, éprouvent aussi moins de maux, de maladies. Il y a parmi elles moins de décès et plus de vivants. Qui possède quelque chose vit long-temps; qui n'a rien meurt bientôt. C'est un fait reconnu que, dans les pays de petite culture, on compte plus de vieillards que dans les pays de grands fermages. La misère vieillit rarement.

Par suite de cette même aisance, le peuple fait aussi plus d'enfants, ou, s'il n'en fait pas plus, pouvant les mieux soigner, il en élève davantage.

Ainsi tout état qui voit augmenter sa population voit augmenter en même temps le nombre des ouvriers, des artisans, des journaliers : car ce sont toujours les classes laborieuses qui peuplent les états. La couche du riche est stérile.

Mais comme une juste distribution de l'aisance ne saurait s'établir à tel point que chacun ait une part égale dans le bonheur commun ; comme il arrive que, par le cours naturel des choses, elles changent et se déplacent sans cesse ; que tel genre de commerce qui prospérait vient à cesser, telle branche d'industrie à languir ; qu'un incendie dévore une ville, une inondation détruit un village ; enfin que les penchants dangereux auxquels une existence meilleure permet de se livrer davantage (le mal est toujours à côté du bien) se développent et se multiplient avec elle, il en résulte qu'une population croissante voit par cela même se multiplier dans son sein le nombre des pauvres, des mendiants, des malfaiteurs et des crimes.

La France est encore dans ce cas.

Il n'est qu'un seul remède à ce mal, s'écrient les uns : c'est de ranimer dans les cœurs les sentiments religieux qui s'y sont éteints. La corruption publique est toujours la première cause de la misère publique. Appelez donc ce peuple aux autels. Du haut de la tribune sacrée, faites entendre la parole sainte à son oreille, et descendre la piété dans son cœur. Donnez-lui les vertus d'un chrétien, pour qu'il n'ait pas les vices d'un athée.

Eclairez les esprits, disent les autres; répandez l'instruction, et faites qu'elle arrive jusque dans la cabane du pâtre; que tous les enfants du peuple sachent lire et écrire, et confiez-vous aux bienfaits de l'instruction. Regardez l'Ecosse, la Hollande, où elles ont pénétré jusque dans les dernières classes. Observez ensuite ces populations vouées à l'ignorance, aux mauvaises mœurs, à la dépravation qu'elles enfantent. Comptez les crimes, et voyez de quel côté est l'avantage.

Sans repousser la religion, qui parle à mon cœur; sans préférer l'ignorance aux lumières, dont je me plais à reconnaître l'heureuse influence et les nobles services, toutefois, je l'avouerai, je ne place pas en elles une aussi entière confiance, et je ne sais pourquoi je suis porté à voir dans ces assertions si souvent et si hardiment répétées des théories plus brillantes encore que vraies, au lieu de conséquences exactes déduites de faits certains.

Si l'on observe les pays religieux, on ne les trouve pas moins féconds en crimes que les autres, tandis que ceux où règne l'ignorance en produisent souvent moins que ceux où brillent les lumières. On a reconnu depuis long-temps que, dans le Berri, le Poitou, l'Auvergne, la Savoie, pays que les académies et les sciences n'ont pas beaucoup éclairés, la justice avait rarement un criminel à punir, tandis que les vols et les assassinats étaient communs chez les Espagnols, peuple éminemment religieux, ainsi que chez les Anglais, nation éminemment éclairée.

Au reste, ce n'est pas ici le lieu d'approfondir cette question, ni de rechercher si la somme de bonheur et de vertus d'un peuple est toujours en raison directe de son instruction ou de son ignorance. Un fait plus certain existe aujourd'hui pour la France : c'est l'augmentation trop réelle, et dans une progression effrayante depuis dix ans, des délits et des crimes, et, par suite, des détenus. Ils encombrent ses bagnes, ses maisons de force, ses prisons. Il devient urgent de les débarrasser de cet excédant de population qui les surcharge. Un moyen bien simple, et mis en usage ailleurs, s'offre de lui-même pour y parvenir : c'est la déportation des criminels.

Déjà plusieurs écrits ont été publiés récemment sur ce sujet. En France, quand une voix s'élève pour indiquer un bien à faire, il y a toujours de l'écho. Je viens joindre mes idées à celles des autres. Elles pourront éclairer le public, qui n'est pas tenu de tout savoir, et ceux-là même qui semblent obligés d'ignorer le moins possible.

De 1813 à 1820, c'est-à-dire pendant l'espace de huit ans, 45,650 individus ont été condamnés à différentes peines. C'est la population d'une grande ville.

Sur ce nombre, 9,000 seulement ont subi un emprisonnement plus ou moins long. Le reste (36,650) est venu recruter les bagnes et les maisons de force. Les libérations et la mort le diminue, il est vrai, mais beaucoup moins qu'on ne pense.

La vie d'un galérien a quelque chose qui effraie les âmes honnêtes. On se représente les rudes travaux auxquels il est condamné ; ces fers pesants qu'il ne quitte jamais ; cette existence avilie, perdue, sans avenir, sans espérance ; et l'on s'imagine que la mort doit la terminer promptement. Il n'en est rien. On vit long-temps dans les bagnes. La nourriture y est saine et réglée, les vêtements propres et bons, la vie active, en plein air, l'âge dans sa force et le cœur sans remords. Cet état est supportable. Il a ses peines, sans doute, mais il a aussi ses plaisirs, et le crime n'est pas difficile. Un médecin éclairé, M. le docteur Villermé, qui s'est beaucoup occupé des prisons et de ce qui s'y passe, a trouvé que dans les bagnes de Brest la mortalité était de 1 sur 49.

Il serait à désirer que ce rapport, qui fait honneur à l'administration, fût le même dans tous les autres. Malheureusement, soit par l'effet des localités, soit par toute autre cause, il n'en est pas ainsi. La mortalité du bagne de Rochefort était, il y a quelques années, de 1 sur 24, et depuis elle a encore été plus forte. On se tromperait donc beaucoup si l'on jugeait d'après ces deux extrêmes de la mortalité moyenne des forçats dans tous les bagnes de France. Nous croyons n'être pas très loin de la vérité en l'estimant de 1 sur 28 à 30, et celle des détenus dans les prisons et les maisons de détention, de 1 sur 12 à 15.

Pour qui réfléchit, ce résultat n'a rien qui surprenne. S'il n'étonne pas, il instruit ; il en est d'autres qui effraient.

Le nombre des forçats qui, ayant achevé le

temps de leur peine, rentrent chaque année dans la société, est d'environ le onzième de la totalité. Comme elle est de dix mille pour tous les bagnes de France (1), le nombre est d'environ neuf cents par an.

Mais sait-on quelle est alors l'existence d'un forçat libéré? Il faut l'apprendre à ceux qui l'ignorent.

A peine est-il rendu à la liberté, que, malgré la surveillance active sous laquelle il demeure placé, partout où il arrive, on redoute, on fuit sa présence. Elle inspire involontairement la défiance, la crainte, l'effroi. Les lieux même qui l'ont vu naître ne veulent plus le recevoir et sollicitent pour n'y être pas contraints. Frappé de cette réprobation qui le poursuit, il erre de commune en commune, sans trouver de travail qui le soutienne, ni personne qui l'accueille. Bientôt arrêté comme vagabond, et reconnu pour forçat libéré, la prison s'ouvre pour lui, non plus comme châtiment, mais comme asyle. Il y demeure un, deux, trois mois, jusqu'à ce que, lassé de cet hôte incommode, on le rejette dans la société, où un sort pareil à celui qui l'a déjà conduit sous les verrous l'y ramène encore,

____

(1) Ils ne peuvent guère en contenir plus de 11,000.

pour être encore élargi après un temps plus ou moins long.

Ainsi, tour à tour détenu sans l'avoir mérité, libre sans savoir que devenir, éternellement dévoué à la misère, à l'infamie, à la malédiction des hommes, il étouffe dans son sein un dernier cri que la conscience y jetait peut-être; il voue une guerre éternelle à cette société qui le repousse; et, de nouveau coupable, de nouveau condamné, il va terminer dans les fers ou sur l'échafaud ses forfaits et sa fatale existence.

Telle est la vie de la plupart des forçats libérés. Et l'on s'étonne ensuite de les voir figurer dans toutes les affaires criminelles, sur les bancs de toutes les cours d'assises. Que l'on pense à leur vie passée, à celle qui la suit, à ce qu'ils ont été, à ce qu'ils étaient avant leurs nouveaux crimes; et que l'on ose assurer que celui-là même qui aurait reçu de la nature une âme d'acier résisterait à une pareille épreuve. La vertu la plus pure aurait peine à en sortir avec tout son éclat! et chaque année, près d'un millier d'individus sont placés dans cette épouvantable position!

On sent qu'il y a dans ce mode d'administration quelque chose de contraire à la morale, de nuisible à la société autant qu'au coupable; qu'ils se trouvent ainsi placés vis-à-vis l'un de l'autre dans une position fausse, hostile, fatale aux vrais intérêts de tous les deux. L'Angleterre l'a senti la première, et s'est occupée d'y remédier. Sa position physique, ses possessions dans le nouveau monde, devaient naturellement faire naître l'idée d'éloigner tous les malfaiteurs du théâtre de leurs crimes, et d'en purger le pays. Aussi fut-elle adoptée. Les colonies de l'Amérique étaient alors sous la domination anglaise : on y déporta les criminels ; mais ce moyen facile de s'en débarrasser dura peu. Une révolution inattendue vint y mettre un terme : les colonies américaines se séparèrent de la mère-patrie.

Après la guerre qui rendit l'Amérique indépendante et Washington immortel, l'Angleterre cherchant sur les mers une île où elle pût envoyer désormais les nombreux criminels que ses lois condamnaient à la déportation, un savant respectable, sir Joseph Banks, indiqua cette partie de l'Australie (la Nouvelle-Hollande) qui fut désignée depuis sous le nom de Nouvelle-Galles du sud ; et le 20 janvier 1788, un vaisseau chargé de déportés vint jeter l'ancre à Botany-Bay. Mais, le lieu n'ayant pas paru propre à y fonder un établissement durable, Philips, qui en avait été nommé gouverneur, choisit le port Jakson, à douze milles plus au nord. Ce fut donc là, sur la côte méridionale de ce vaste continent, dont la grandeur est égale au quart de l'Europe, que s'établit la nouvelle colonie. La ville qui s'éleva bientôt après, et qui peut en être regardée comme la capitale, reçut le nom de Sydney-Cow. Elle se composait alors des déportés, d'un petit nombre de militaires préposés à leur garde, enfin de quelques personnes qui s'étaient volontairement décidées à venir habiter avec eux cette terre d'exil.

Les nouveaux colons avaient quitté l'Europe au milieu de l'hiver ; ils trouvèrent l'été en arrivant à la Nouvelle-Hollande, bien qu'on fût encore au mois de janvier. Cette île immense leur présentait sur ses plages inconnues des bois touffus ; une terre élevée, grasse, féconde, qui ne demandait qu'à recevoir la semence, pour se couvrir de riches moissons ; du gibier en abondance, des perdrix, des canards, des oies ; un air pur enfin, et un climat sain, que ne désolent point les fièvres et les maladies inflammatoires qui règnent en Amérique.

Depuis cet heureux essai, l'Angleterre n'a pas cessé d'étendre son système de colonisation. Il comprend aujourd'hui non seulement la Nouvelle-Galles du sud, mais la terre de Diémen, dont le sol et le climat sont encore plus fertiles et plus beaux, et l'île Melville, située à l'extrémité septentrionale de la Nouvelle-Hollande.

Chaque fois qu'un transport de condamnés arrive dans la colonie, voici comment les choses se passent.

Lorsque le navire est entré dans le port de Sidney, après une traversée pendant laquelle on a eu pour les déportés tous les soins que l'humanité réclame, sans compromettre cependant la sûreté de l'équipage, on les rassemble tous sur le pont, et on leur distribue d'autres vêtemens en remplacement de ceux qu'ils portaient durant le voyage. Les nouveaux habits consistent, pour chacun, dans deux vestes et autant de pantalons de drap bleu, deux gilets, deux mouchoirs, deux paires de bas, trois chemises de coton rayé, et un chapeau. On donne aux femmes une espèce de blouse d'une forte étoffe et de couleur foncée, avec un jupon pareil, une paire de souliers et des chemises.

Tous les déportés reçoivent en outre un lit et deux couvertures neuves. Après cette distribution, ils sont rasés, lavés, et on leur coupe les cheveux. Alors commence la visite du surintendant, qui les passe en revue, s'informe de chacun à quoi il est propre et quel est son métier. Ces formalités accomplies, l'ordre du débarquement est donné.

Aussitôt tous les détenus, munis de leurs effets, sont conduits à terre, où les attend une seconde inspection : c'est celle du gouverneur. Il les examine, les interroge, les classe d'après leurs habitudes et les notes du surintendant ; puis il leur fait un discours sur leur situation présente. Il les console, les engage à se bien conduire, et il finit en les avertissant que, si quelqu'un avait à se plaindre de mauvais traitements, il n'a qu'à s'adresser au magistrat du lieu qu'il habitera, et que justice lui sera rendue.

Il est possible, et sans doute il arrive que tous les gouverneurs ne parlent point aux déportés avec ce même ton de bienveillance et d'intérêt. Chacun met dans ses paroles l'empreinte de son caractère, plus ou moins porté à la douceur, à l'indulgence. Mais il n'y a rien là du moins qui flétrisse l'âme du condamné, qui achève d'éteindre en lui toute idée de repentir, de retour au bien. Quelque tombé qu'il soit, on lui rappelle au contraire qu'il peut se relever encore et mériter l'oubli de ses fautes par une conduite meilleure. Enfin on lui montre qu'on ne désespère pas de lui, pour qu'il n'en désespère pas lui-même. A coup sûr, il y a dans cette attention, dans ces égards, dans cette indulgence pour un coupable qui peut s'amender, quelque chose de charitable, d'élevé, que l'on sent, que l'on approuve, et que l'on voudrait voir mettre chez nous à la place de ces épouvantables traitemens, de ces horribles scènes qui accompagnent le départ et l'arrivée de nos galériens dans les bagnes, et qui, révoltant à la fois les regards, l'humanité, la morale, font douter de l'état de civilisation auquel nous prétendons être arrivés.

Après que le gouverneur a parlé, on s'occupe de distribuer les déportés dans la colonie. Les meilleurs ouvriers restent à Sidney, où ils travaillent pour le compte du gouvernement, ou pour celui des particuliers, qui en répondent et deviennent leur caution. Ils reçoivent tous les jours une ration assez forte de pain, de viande et de légumes.

Ceux qui sont propres à cultiver la terre sont envoyés dans l'intérieur, à Paramatta, à Windsor, à George's-River, et de là chez les fermiers des environs. Ils y font la même journée de travail qu'en Angleterre; ils vivent comme le maître qui les emploie, et, de plus, ils en reçoivent pour gages 500 fr., et sont habillés à neuf deux fois par an, à ses frais.

Quant aux femmes, le gouvernement les

emploie à faire les étoffes qui servent aux vêtements des déportés. Elles nettoient la laine , la
cardent, la filent. Du reste , tout colon libéré
peut obtenir une de ces femmes pour travailler
chez lui, si elle y consent.

Mais ce n'était pas assez d'avoir trouvé les
moyens d'occuper les condamnés , d'éloigner
d'eux l'oisiveté, la paresse : il fallait encore en-
courager la bonne conduite par des récompen-
ses ; prévenir, effrayer la mauvaise par la crainte
des punitions. Là surtout plus que partout ailleurs ces deux puissants moyens d'action sur les
hommes ne devaient pas être négligés.

Tout déporté qui se rend coupable de quelque
délit grave est envoyé, pour un temps plus ou
moins long, quelquefois pour la vie, dans les
mines de houille, ou employé à la fabrication de
la chaux que l'on retire en pilant des écailles
d'huîtres. S'il s'est rendu coupable d'un crime ,
il est jugé selon les formes et d'après les lois
anglaises, et condamné aux galères ou à être
pendu.

Les femmes qui se conduisent mal sont mises
en prison. Elles travaillent avec un collier de
fer au cou. Si, après leur peine expirée , elles
donnent lieu à de nouvelles plaintes, renfermées
de nouveau , elles ne sortent plus qu'enchaînées.

Quand un déporté a passé trois ans au service d'un maître, soit à la ville, soit dans une ferme, qu'il ne lui a donné aucun sujet de plainte et que sa conduite pendant tout ce temps a été bonne, il peut lui demander un certificat qui l'atteste; et dès lors, muni de cette pièce, il commence à travailler pour son compte.

L'affranchissement ou l'émancipation exige un temps plus long. Ce n'est d'ordinaire qu'après cinq ou six ans que le déporté l'obtient. Il présente alors une pétition au gouverneur, qui lui accorde sa demande, et prononce sa libération. De ce moment il jouit dans la colonie de la liberté la plus entière.

Il est encore pour lui une autre manière de se la procurer : c'est en épousant une femme déjà libérée; ou bien si, marié en Angleterre, sa femme vient le rejoindre dans son exil. En se réunissant à lui, elle l'affranchit de droit.

De son côté, toute femme qui épouse un homme libéré devient libre elle-même.

Ce privilége, accordé à la morale comme à la dignité du mariage, n'a plus lieu quand il est contracté entre des déportés non libérés. Dans ce cas, en effet, les deux époux se trouvent dans la même condition : ils unissent un esclavage commun. Cependant, en considération d'un état que l'autorité voit toujours d'un œil favorable, s'il naît de cette union des enfants qui restent par la suite orphelins, le gouvernement se charge de leur sort. Il existe à Sydney un très bel établissement pour les garçons, et un autre à Paramatta pour les filles.

C'en est assez de ces détails sur les établissements des Anglais à la Nouvelle-Hollande pour mettre le lecteur à même d'en juger. Il connaît maintenant les faits ; présentons lui les résultats.

Un vaste continent au milieu des mers était inculte, inhabité (1). A l'autre extrémité du globe, un certain nombre d'individus languissaient dans les prisons, où ils coûtaient beaucoup, ne produisaient rien, et devenaient pires. Tout à coup un de ces hommes que la nature fait naître de temps en temps pour le bonheur de leurs semblables saisit le rapport que l'on peut établir entre une terre qui appelle la culture et des hommes dont la position exigerait le travail. Il propose de rapprocher ces deux besoins. Son idée est accueillie. Dans l'espace de vingt-sept ans (1788—1815), 17,000 criminels, parmi lesquels il y avait 3,500 femmes, ont été déportés à la Nouvelle-Galles.

(1) Par les Européens.

Sur ce nombre, 5,5oo sont morts ; ceux qui ont survécu ont produit 9,000 enfants.

Aujourd'hui 40,000 habitants, en y comprenant les émigrés volontaires, peuplent la colonie. Ils ont bâti cinq villes et un plus grand nombre de villages. Ils cultivent 700,000 acres de terre, et possèdent 5,000 chevaux, 130,000 bêtes à cornes et 35,000 moutons. Ils envoient en Angleterre pour 2,350,000 fr. de produits indigènes, et ils lui demandent en retour pour 5,103,000 fr. de produits, dont près de quatre sortent de ses fabriques. Ils jouissent d'un revenu colonial de 1,150,000 fr., et ils ont créé autour d'eux une valeur foncière de quarante mille (1).

Enfin, cet établissement, qui a coûté, depuis vingt-sept ans, 124 millions à l'Angleterre pour les frais d'entretien de 33,000 individus, d'une administration civile et militaire et d'une marine, lui en a peut-être épargné dix fois autant, par la dépense que lui aurait occasionée le même nombre de détenus, s'il avait fallu les garder chez elle et construire pour eux de nouvelles prisons.

(1) En 1824, la colonie a exporté 197,168 livres de nacre de perles, et 383,000 livres de laine de mouton.

A la terre de Diémen, où l'air est plus pur et les campagnes plus fertiles qu'à la Nouvelle-Galles du sud, il est permis d'attendre des résultats encore plus heureux de la colonie qu'on y a formée depuis vingt ans. En 1819, on y comptait 3,477 déportés, parmi lesquels il y avait 370 femmes; 1,060 colons étaient venus s'y établir volontairement. Trois ans après, en 1821, le nombre des planteurs libres et celui des condamnés était à peu près égal, et donnait un total de 7,185 habitants, établis tant sur Derwent qu'au port Dalrymple. La colonie possédait alors 15,350 bêtes à cornes, 130,000 moutons, et avait mis 8,300 acres de terre en culture. Hobart-Town, qui en est la principale ville, contient 300 maisons, et 1,400 habitants, dont la moitié sont des condamnés.

On reprochera peut-être au tableau que nous venons de tracer d'être exagéré; à l'écrivain anglais auquel nous l'empruntons (1), de l'avoir embelli. Nous n'ignorons pas les abus, les désordres de tout genre qui marquèrent si tristement les premières années de l'établissement.

(1) Wentworth, A statistical account of the settlements british in Australasia. London, 1824. — Quarterly Review, et Revue britannique, n° 6 et 15.

Le capitaine Collins les a avoués lui-même dans son histoire de la Nouvelle-Galles du sud, et Jérémie Bentham les a longuement commentés. Mais ces abus étaient inséparables d'une colonie dont la population tout entière devait se composer d'abord de malfaiteurs, tandis qu'auparavant, alors que la déportation avait lieu dans l'Amérique méridionale, ces mêmes criminels étaient disséminés çà et là, fondus pour ainsi dire au milieu d'une population nombreuse et meilleure. Ces abus étaient aussi la suite et l'effet d'un mode d'administration mal combiné, vicieux, qui manquait tout à la fois de moyens de surveillance et de répression. Le temps a montré les fautes, et comment on devait y remédier. La colonie n'offre plus aujourd'hui un spectacle aussi affligeant qu'il y a vingt-six ans ; une nouvelle génération s'y est élevée, perfectionnée. Elle en a produit à son tour une troisième, qui ne peut manquer de valoir mieux encore. D'ici à quelques années, la colonie jouira des mêmes avantages que présentait l'Amérique ; elle aura une population améliorée, et bien supérieure à la quantité de déportés qu'elle est destinée à recevoir chaque année.

Il existe donc un fait réel, certain. La Nouvelle-Hollande était déserte, inhabitée, avant l'arrivée des déportés. Aujourd'hui elle compte 40,000 habitants, qui possèdent 700,000 acres de terre, représentant, comme nous l'avons déjà dit, un capital de 40 millions.

La Nouvelle-Hollande était inculte, inutile. Aujourd'hui elle est fertile, productive. Là où rien n'existait, des produits, des valeurs, des richesses ont été créées, ainsi qu'une industrie nouvelle, un commerce nouveau entre la métropole et la colonie, et qui s'étend même avec Calcutta, Batavia, le Bengale et la Chine. Cette colonie ne mérite déjà plus ce nom : c'est presque un grand état. On y a établi une banque, dont les billets ont cours partout. Le roi d'Angleterre lui a accordé une charte, et le privilége d'être administrée par des magistrats qu'elle élit elle-même. Sa capitale s'agrandit avec une rapidité remarquable. Si l'on s'en rapporte à ceux qui l'ont visitée en 1784, la population de Sydney augmente sans cesse. Le plus grand nombre de ses habitants libres se compose aujourd'hui d'individus nés dans le pays. On remarque qu'ils n'ont hérité ni des vices ni des sentiments de leurs pères.

Ce qu'il y a de certain enfin, c'est qu'à moins de préférer les chaînes à la liberté, la fainéantise au travail, l'avilissement, la dégradation de l'homme, à son amélioration, à son bien-être physique et moral, on doit convenir qu'il y a loin d'un détenu d'une maison de correction ou d'un forçat des bagnes de Brest à un déporté de Botany-Bay, devenu cultivateur et propriétaire. Voilà la perfectibilité humaine, la seule qui ne soit pas une illusion, une chimère; voilà les seuls effets vraiment bons, vraiment utiles, de la civilisation; ceux que la philosophie, la législation, doivent toujours se proposer pour but; qui tendent à rendre l'homme meilleur, plus heureux; à ramener le coupable du crime au repentir, et du repentir à la vertu, en développant chez lui le double sentiment de la famille et de la propriété. Hors de là, la civilisation, ses progrès et nos lumières ne sont plus à mes yeux que de vains mots, des termes admis, convenus, pour exprimer une corruption plus profonde et plus perfectionnée, qui croit pouvoir tout se permettre, parce qu'elle a trouvé l'art de tout cacher.

La Russie, comme l'Angleterre, admet la déportation dans son code pénal. Elle est le châtiment dont ses lois punissent différentes espèces de crimes; mais il ne paraît pas que le gouvernement ait jamais pensé à en faire un moyen d'amélioration pour le coupable.

Par un avantage qui n'est donné en Europe à aucun autre état, et que la Russie doit à sa position physique, sans vaisseaux, sans colonie, sans aucune possession au milieu des mers, elle trouve les moyens de satisfaire la loi. A mille lieues de sa capitale, vers le nord, son empire, qui n'a de bornes de ce côté que la fin du continent, s'étend sur une contrée dont la longueur est de 1,500 lieues et la largeur de 700, désert immense, que la mer Glaciale termine vers le pole ; où de vastes plaines de neige, de tristes marécages, ne sont interrompus que par d'épaisses et noires forêts de sapins et de bouleaux ; où la nature s'éteint sous un froid de 40 degrés, qui s'abaisse quelquefois jusqu'à 70. C'est là, en Sibérie, sous ce ciel de fer, sur cette terre presque toujours glacée, dans cette solitude affreuse, où l'existence est horrible et la fuite impossible, que la Russie exile ses criminels pour un nombre d'années plus ou moins long, souvent pour la vie entière. Quand, au milieu du seizième siècle, un marchand d'Arkangel pénétra dans la Sibérie, et qu'il découvrit au tzar Ivan Basilidès l'important revenu qu'il en pouvait tirer en fourrures de martre et de renard noir, il croyait seulement avoir ouvert à son pays une source de richesses nouvelles, et il était loin de penser que cette terre désolée deviendrait un jour l'exil et le tombeau de ses malheureux compatriotes.

La faute la plus légère y conduit comme le crime le plus odieux : c'est la peine dont on punit une imprudence politique, un duel, la vente de livres défendus; c'est aussi celle qu'attire sur un favori le ressentiment ou même le simple caprice du souverain. L'histoire a raconté les cruelles disgrâces des Mentzicoff, des Munich, des Ostermann, des Megden. Ces exilés, dont la peine alors n'a rien d'infamant, et les livre seulement au malheur, sans les déshonorer, vivent à leurs frais dans le lieu de la Sibérie qui leur est assigné pour exil. Quand leurs moyens d'existence dépendent d'une industrie qu'ils ne peuvent plus exercer, le gouvernement leur accorde par jour environ un franc de notre monnaie.

Les exilés pour des délits plus graves perdent non seulement leur fortune, mais encore leur existence civile. Tout meurt pour eux, jusqu'à leur nom : ils ne peuvent plus le porter. Arrivés en Sibérie, on leur en donne un nouveau, sous lequel ils sont désormais connus : c'est ordinairement celui de quelque paysan. Inscrits sur les registres comme cultivateurs, ils travaillent à la terre , dont ils doivent attendre toute leur subsistance.

S'ils sont laborieux, ils ont l'espoir de gagner assez d'argent pour se procurer quelque léger adoucissement à leur sort.

Ceux qui se sont souillés de ces crimes pour lesquels nulle part les lois n'ont d'indulgence sont envoyés pour la vie en Sibérie, ou bien condamnés aux travaux des mines de Nertschinsky. On rencontre souvent, sur la route de Pétersbourg à Perme ou à Tobolsk, des troupes de ces criminels, dont le nombre est d'environ 6,000 par an, parmi lesquels il y a quelquefois des femmes et de jeunes filles. Enchaînés deux à deux, le cou passé dans une fourche dont le manche descend en s'élargissant sur leur poitrine, et présente deux ouvertures où leurs mains sont passées et retenues, ils s'avancent lentement au milieu de ces steppes solitaires, où règne un hiver de neuf mois, sur des routes dont le sol n'est le plus souvent qu'une boue presque toujours gelée, couverte çà et là de quelques plantes languissantes et d'un tapis de mousse. Ils marchent pendant six mois, et durant ce long voyage, les souffrances qu'ils endurent sont affreuses. Voici le sort qui les attend à leur arrivée.

D'après les ordres du tzar Pierre, les exilés ne peuvent posséder aucune propriété. Comme ils sont déclarés bannis de la société, aucun sujet fidèle ne peut les recevoir dans sa maison.

S'il arrive à un exilé de frapper un citoyen, même après en avoir été provoqué, il est condamné à mourir de faim.

La vie ne leur étant accordée que pour implorer la miséricorde divine et la rémission de leurs péchés, ils ne doivent être employés, pour se procurer leur subsistance, qu'aux travaux les plus vils.

A cette épouvantable réprobation la loi ajoute encore de nouvelles rigueurs : elle ordonne que les deux dernières classes d'exilés dont nous venons de parler aient les narines fendues, mutilation barbare, que l'on retrouve, sous d'autres formes, chez des nations qui n'hésitent point d'ailleurs à se croire arrivées au degré le plus élevé de la civilisation. C'est un fait digne de remarque que cet instinct de vengeance, cette disposition cruelle, que l'homme prend pour justice, et qui le porte à imprimer au coupable une marque visible, ineffaçable, qui rappelle à tous les yeux son crime et le châtiment qu'il en a reçu.

Cette coutume barbare, en usage chez les peuples anciens comme chez les modernes, serait-elle l'effet de l'association de certaines idées religieuses avec celles de la justice humaine? et partout le législateur aurait-il cru ne pouvoir rien faire de mieux que d'imiter, dans le châtiment du coupable sur la terre, l'éternité des peines qui attend les réprouvés dans l'autre vie?

Ou bien serait-elle le résultat de cette opinion qui croit que la punition doit être non seulement la réparation due par le criminel à la société, mais encore un exemple toujours existant, capable d'effrayer ceux qui seraient tentés de l'imiter?

Il y a ici, du moins, quelque chose de vrai, de juste. Le législateur, en punissant le crime, a dû penser à ce que demandait la sûreté, la tranquillité violée de la société; il a dû sentir qu'il fallait une réparation égale à la grandeur de l'offense, une réparation exemplaire, et telle qu'on pût y trouver une garantie et des motifs de sécurité pour l'avenir. Mais il n'aurait rempli que la moitié de sa tâche s'il n'avait aussi pensé à l'amendement possible du coupable, quelque endurci qu'il paraisse; surtout il a dû songer à ne rendre jamais cet amendement impossible. Et pourtant, quand vous marquez ce criminel d'un fer chaud au front, à la joue, à l'épaule ; quand vous lui coupez la main, le nez, les oreilles ; si ce malheureux, sur lequel vous épuisez tous les genres de mutilation, sentait un jour le remords s'éveiller dans son sein, s'il éprouvait un moment l'heureuse tentation de revenir au bien, comment voulez-vous qu'il ose encore se montrer dans la société, reparaître au milieu de ses semblables, tout flétri qu'il est des stigmates de votre justice, quand chacun, le désignant du doigt, peut s'écrier, Le voilà ! et s'éloigner de lui. Ainsi, vous avez rendu toute amélioration, tout retour de sa part impossible ; vous l'avez à jamais avili, dégradé, perdu.

Je vous le demande, à vous qui jouissez de ce droit terrible de disposer à votre gré de l'honneur et de la vie de vos concitoyens, alors que, vous mettant à la place de celui-là seul qui lit dans les cœurs, vous osez dire du coupable, « Il ne se repentira jamais, » et régler sur cette cruelle opinion la rigueur de vos jugements, quelle effrayante responsabilité n'assumez-vous pas sur vos têtes ! Et je suppose ici que votre arrêt trouve un coupable : s'il condamnait un innocent !

Il est facile de voir que le système de déportation établi en Russie ne ressemble, ni dans ses formes, ni dans ses résultats, à celui de l'Angleterre.

La douceur de la température, la bonté, la fertilité du sol de la Nouvelle-Galles et de la terre de Diémen, invitent à les habiter. L'aspect, le climat de la Sibérie est horrible. La visiter en voyageant est déjà une peine; y vivre est un supplice.

L'Angleterre, nation dès long-temps civilisée, en faisant de la déportation le châtiment de certains criminels, a voulu tirer de la punition même un moyen d'amendement pour eux; elle a voulu que la peine fût profitable à celui qui la subissait. La Russie, encore barbare dans ses mœurs, ses lois, ses usages, n'a cherché dans l'exil en Sibérie qu'un moyen de douleur physique, un long tourment infligé à un coupable. C'est là, en effet, aux yeux d'un peuple barbare, tout ce qui constitue la punition : le spectacle et l'excès des souffrances physiques.

Aujourd'hui la civilisation a pénétré en Russie; elle a éclairé les esprits. Les habitudes, les mœurs se sont adoucies. Une commission établie par Catherine II pour revoir et corriger les lois a émis surtout le vœu que la peine de mort fût abolie, et qu'aucune peine corporelle ne défigurât la personne du coupable. Elle proposait beaucoup; elle obtint peu, tant est grande l'habitude de mal faire chez ceux-là mêmes qui voudraient faire mieux!

Cependant quelques soulagements ont été apportés aux misères des exilés en Sibérie. S'ils sont mariés, on permet à leurs femmes de les accompagner sur cette terre de douleur (1). D'après les représentations du gouverneur actuel, on vient de leur accorder la faculté d'épouser des personnes libres du pays, sans néanmoins qu'ils acquièrent par cette union le droit d'être affranchis de leur ban, si le mari ou la femme de condition libre venait à quitter la Sibérie.

(1) Mesdames Troubetzkoi et Mourawieff ont obtenu de suivre en Sibérie leurs maris, condamnés à l'exil pour avoir trempé dans la conspiration qui suivit la mort d'Alexandre 1er. Voyez le *Journal des Débats*, du 17 novembre 1826, article *Russie*. Dans la conspiration qui plaça sur le trône Elisabeth, et en précipita l'impératrice Anne, les amis de cette dernière furent tous envoyés en exil. De ce nombre étaient le maréchal Munich, le baron Megden, les comtes Ostermann et Loëvenvolde. On avait permis à leurs femmes de se retirer dans leurs terres : toutes refusèrent cette grâce, et aimèrent mieux partager le sort de leurs époux.

Cette nouvelle mesure apportera sans doute une grande consolation aux exilés. Il faut louer le gouverneur qui l'a proposée, ainsi que le souverain qui l'a adoptée. Tout adoucissement du sort des malheureux doit être applaudi, encouragé ; mais le but moral n'est pas encore atteint. L'exilé en Sibérie, quelle que soit sa conduite, ne voit point changer sa situation. Le déporté de Botany-Bay, au contraire, est sûr, en ne donnant aucun nouveau sujet de plainte contre lui, d'obtenir son affranchissement, et de remonter ensuite à l'état de citoyen dont il était déchu. En Russie, rien n'a été calculé, disposé, pour opérer l'amendement du coupable. En Angleterre, tout y concourt, et l'on ne s'est pas proposé d'autre but. Veut-on savoir jusqu'à quel point on y a réussi ? Le fait suivant peut servir de réponse.

Un homme plusieurs fois arrêté pour vol, et toujours acquitté faute de preuves, fut enfin condamné à la déportation. Après avoir entendu sa sentence, et le discours qu'il est d'usage que le juge adresse en cette occasion au coupable, il demanda la permission de répondre, et le fit à peu près en ces termes :

« C'est surtout en ce moment, dit-il, que je
« vois combien il est facile aux hommes heureux

« d'accuser ceux que la fortune abandonne, ou
« qu'elle n'a même jamais favorisés. La position
« dans laquelle je me trouve aujourd'hui devant
« vous, et les fautes qui m'y ont amené, sont sans
« doute le funeste résultat d'erreurs que je suis
« moi-même le premier à déplorer. Que de fois,
« après les avoir reconnues, j'ai pris la ferme
« résolution de n'y plus retomber, et de me pro-
« curer une existence honnête par un travail as-
« sidu ! Mais en vain j'en ai cherché. Qui, dans
« la Grande-Bretagne, a voulu donner de l'ou-
« vrage à Georges Barrington ? qui a voulu l'ac-
« cueillir ? Tous les cœurs, toutes les ressources
« ont été fermées pour lui. Alors que tout m'a-
« bandonnait, devais-je mettre moi-même un
« terme à mon existence ? La religion me le dé-
« fendait. Devais-je me résoudre à mendier ?
« La charité se fût détournée de moi. Je me
« me trouvai donc, malgré moi, forcé d'entrer
« dans une funeste carrière ; mais je ne sais,
« après tout, si cette faute est plus la mienne
« que celle de la société, qui m'y a contraint en
« me repoussant. Je le répète, il est bien facile
« aux gens à qui tout prospère de prodiguer l'in-
« jure et le mépris à ceux que délaisse la for-
« tune. Je ne veux point examiner jusqu'à quel
« point ces hommes heureux peuvent être fondés

« dans leurs reproches, dans leurs dédains ; mais
« je remercie le juge et la loi qui, m'éloignant
« d'une société qui s'élève contre mes fautes et
« m'ôte le moyen de les réparer, m'envoie
« dans une autre, où du moins l'on ne refusera
« ni l'accueil à mes demandes, ni le travail à mes
« besoins. »

Celui qui venait de parler ainsi était jeune
encore. Ses paroles prouvaient qu'il n'était ni
sans talent ni sans espérance. L'intérêt qu'il
n'avait pu trouver innocent s'éveilla pour lui
dès qu'on le vit coupable. Une souscription fut
ouverte sur-le-champ en sa faveur, et on lui en
remit le montant au moment de s'embarquer. Ce
même intérêt le suivit encore pendant la traversée.
Le capitaine du vaisseau le nomma commissaire
des vivres à bord. Comme il avait été déporté
pour quelques années, à peine arrivé dans la
colonie, il fut employé comme secrétaire chez un
juge de paix. Ses talents et sa bonne conduite le
firent parvenir en peu de temps à l'être lui-même. Enfin, il fut nommé président de la justice
de paix de la colonie, et sa fortune devint considérable. Il aurait pu retourner en Angleterre :
il ne le voulut jamais. Il sentit combien il est
difficile de vivre sans honte au milieu des té-
moins de ses fautes passées. Là il suffit d'un sou-

venir, d'un mot, d'un regard, pour empoisonner l'existence. En Angleterre, malgré ses efforts, sa bonne conduite, on l'eût montré au doigt, peut-être ; à Botany-Bay, on le citait en exemple.

S'il n'est pas de fait plus célèbre dans les annales de la colonie, il en est d'aussi satisfaisants. Un des plus riches marchands de Sydney, aujourd'hui, est un condamné. Il en existe un grand nombre qui sont devenus d'honnêtes artisans, des fermiers, des propriétaires. Enfin l'on pourrait dire avec raison non seulement que le but que l'on s'était proposé est obtenu, mais qu'il a même été dépassé.

En effet, beaucoup de déportés, encouragés par ces chances heureuses, ne veulent plus retourner dans leur patrie, quand le temps de leur exil est accompli, et restent à Sydney, où ils exercent une industrie quelconque, tandis que, séduits par les récits brillants de ceux qui en arrivent, des capitalistes anglais s'embarquent pour la nouvelle colonie. Jusque là tout est bien ; mais il y a plus. Des hommes sans principes, et dont l'existence est sans ressources, bien instruits d'ailleurs de la peine qu'ils encourront, n'hésitent point à voler pour se faire déporter. C'est la première fois peut-être que l'on a vu le châtiment décerné contre le crime devenir un appât à le commettre.

Justement surpris de ce résultat inattendu, le parlement a ordonné une enquête sur tout ce qui a rapport à la déportation , et il aura à décider si l'on doit continuer d'infliger une peine qui a cessé de l'être. Déjà même le gouvernement retient sur les pontons les criminels qui ne sont condamnés que pour quelques années, substituant ainsi, par un arbitraire condamnable, une peine plus sévère à celle plus douce qu'a prononcée la loi.

Telle est en abrégé l'histoire de la déportation des criminels en Angleterre et en Russie.

Nous ne parlerons point de la coutume établie depuis long-temps en Espagne d'envoyer à Ceuta , à Melillo , sur les côtes d'Afrique , un certain nombre de criminels. Ce sont des assassins , des contrebandiers , des déserteurs, etc. Ces *présides* , ou ces espèces de galères , n'ont d'autre effet que de débarrasser la péninsule de coupables qui sans cela fussent restés dans ses prisons : car, du reste, le gouvernement espagnol n'a jamais pensé à tirer de cette mesure aucun autre avantage. Il se contente d'entretenir à Ceuta 4 à 5,000 forçats que l'on y emploie aux travaux les plus pénibles. Ceux qui n'ont commis que des délits peu graves ne sont point enchaînés, et vont eux-mêmes chercher de l'occupation; tous reçoivent un salaire égal, et très modique.

Il est temps de montrer ce que la déportation pourrait être en France.

Mais avant de proposer une mesure, il faut en prouver la nécessité.

Nous avons fait voir quelle était au milieu de nous l'existence d'un détenu à terme, et surtout d'un forçat libéré. Certes, s'il y eut jamais une lacune dans notre Code pénal, une imprévoyance dans la loi, c'est ici qu'elle doit être signalée. Eh! quoi, remettre dans la société des hommes qui la menacent sans cesse! Quand un animal dangereux, rompant la chaîne qui le tenait captif, s'échappe et parcourt la ville, l'alarme aussitôt s'y répand; chacun fuit, court se renfermer chez soi, pour échapper à la fatale rencontre. Telle est l'impression que produit partout la présence d'un forçat libéré. La comparaison est fausse, et vos craintes sans sujet, direz-vous. Ce criminel que vous croyez libre, et qui vous effraie, est encore retenu par d'invisibles liens; ses pas, ses démarches, ses desseins sont épiés, connus : en un mot, il est pour toute sa vie sous la surveillance de la haute police.

Personne, je le déclare, n'a plus de confiance que moi dans la police ; mais enfin elle n'est point infaillible, et sa surveillance ne saurait être de tous les moments. Elle ne peut, dit avec raison un écrivain qui vient de traiter comme moi cette question (1), attacher un agent aux pas de chaque forçat libéré. En vain est-il astreint à se représenter une ou deux fois par jour chez le commissaire de police de sa résidence : rien ne garantit que, dans l'intervalle, il ne puisse se rendre coupable. On en a des exemples. Et cette surveillance même, n'est-elle pas difficile ou aisée, relâchée ou sévère, suivant les localités, la prudence des magistrats, les habitudes des pays ? Facile dans une petite ville, elle l'est moins dans un canton rural, beaucoup moins encore dans une capitale que dans un village. Aussi le forçat libéré lui échappe-t-il souvent, et va-t-il au loin commettre de nouveaux forfaits ? Et l'on en a encore des exemples. La surveillance de la haute police, continue M. Ginouvier, est donc une mesure illusoire pour la société, qu'elle ne garantit pas, inutile même à

(1) *Le Botany-Bay français,* par M. Ginouvier.

celui qui en est l'objet , puisqu'elle ne le met pas à l'abri de la récidive ; et M. Ginouvier a parfaitement raison.

Nulle pour l'intérêt public et pour celui du condamné , croit-on que cette mesure soit plus utile à la morale, à l'humanité? Il y en a bien peu à replacer au milieu de ses concitoyens un homme dont la loi n'a rien su faire que le flétrir. Humilié, dégradé, sans famille , sans soutien , sans ressources, si sa condition avant son crime était déjà pénible , difficile , elle est telle aujourd'hui qu'on pourrait dire qu'elle le lui commande. Sans doute on n'osera pas soutenir que le détenu , le forçat libéré , rapportent du bagne ou de la prison des principes opposés à ceux qui les y ont conduits ; qu'ils viennent montrer dans la société l'édifiant exemple de coupables contrits, amendés. Je crois peu à la vertu des prisons, au repentir des bagnes. Il y a trop de charme , de séduction dans la vie du criminel, pour qu'il l'abandonne jamais , a dit un écrivain anglais dont j'ignore le nom , mais dont j'aime la pensée. Braver le péril, mépriser la mort, sentir plus vivement la vie, jouir d'une farouche indépendance , sont des voluptés trop puissantes, trop terribles pour que celui qui les a goûtées une fois y renonce ensuite. Cette vie est précisément celle du sauvage, et quoi qu'on fasse, il y revient toujours. Il y a dans ce tableau autant de vérité que de profondeur.

Ajoutons encore à ces raisons quelques calculs fournis par le sujet, et qui ne sont ni sans intérêt ni sans importance. Il est pénible de fouiller dans les annales du crime ; mais il est utile de le faire, quand on peut en tirer quelque résultat qui éclaire, instruise, indique le mal à réprimer et le bien à produire.

En 1818, d'après M. le D. Villermé, dans son ouvrage sur les prisons, il existait en France 44,480 détenus, savoir :

Dans les prisons de département. . .	10,330
Dans les maisons de force.	10,700
Dans les bagnes.	9,920
Condamnés à différentes peines. . .	13,530
	44,480

En 1821, d'après M. Barbé de Marbois, le nombre était réduit à 41,300, dont 10,000 forçats.

En Angleterre seulement, sans y comprendre l'Ecosse et l'Irlande, de 1813 à 1818, c'est-à-dire sur cinq ans, il y a eu 11,000 déportés, ce qui donne une moyenne annuelle de 2,200.

En France, la moyenne de 1812 à 1818 (six ans) a été de 2,116 condamnés aux travaux forcés. C'est un criminel sur 14,180 habitants, pour une population de trente millions. En Angleterre, sur dix millions, c'en est un sur 4,545 ; ou, pour offrir des nombres égaux, en France, sur 50,000 individus, il y en a moins de quatre qui se livrent au crime ; en Angleterre, il y en a onze.

Par une triste progression, le nombre des délits et par conséquent celui des détenus va toujours en augmentant chez nous depuis quelques années. On a déjà vu au commencement de cet écrit qu'il s'était accru

En 1814 de. . . . . 3,400 individus.
1815. 4,370
1816. 6,800
1817. 9,325
1818. 7,515

et M. le ministre de l'intérieur vient de déclarer dans la dernière assemblée de la Société royale des prisons que le nombre des condamnés à plus d'un an de détention avait été de 18,000 en 1824 et de 19,400 en 1826.

Les transports des galériens pour les différents bagnes de France ont été

En 1815 de.   835
1816. 1,369
1817. 1,800
1818. 1,960

En ne prenant ici que les cinq années dont nous venons de faire mention, elles donnent un total de 31,410 détenus, dont le cinquième est 6,280. C'est donc de cette quantité que se recrutent chaque année les bagnes et les prisons, et si la peine de mort était abolie, ce surcroît annuel serait porté à 6,620, puisque l'on calcule que les exécutions vont en France à 340 par an (1), depuis cinq ans.

Il peut arriver sans doute que ce nombre diminue; mais jusqu'à présent nous n'en voyons aucune raison. Notre état social est-il meilleur? notre peuple a-t-il plus de religion, d'instruction? l'industrie lui fournit-t-elle plus de travail et par conséquent plus d'aisance? est-il

(1) En Angleterre, le terme moyen des condamnations à mort, pour cinq ans (1813 à 1818), a été de 1052; mais, sur ce nombre, 354 seulement ont été mises à exécution.

enfin plus heureux? Non. certainement, et sa prospérité si vantée dans les journaux est loin de l'être autant dans les ateliers. Il n'y a donc point de raison pour que les délits et les crimes diminuent parmi nous.

Quelle que soit la quantité dont on veuille que les décès et les libérations fassent baisser ce nombre (et elle n'est pas aussi grande qu'on le pense, comme on l'a vu plus haut), on sent qu'il doit accroître chaque année celui des détenus dans une proportion telle, que le temps n'est pas éloigné où il faudra multiplier les maisons de détention et les bagnes. Mais le crime est encore plus tôt exécuté que puni, et l'on a plus tôt volé un homme que bâti une prison.

La sûreté publique, l'humanité, la morale, réclament l'éloignement des détenus du sol de la France. Les conseils généraux de département, les journaux, les écrits, l'opinion publique, le demandent, le sollicitent également. Il y a nécessité de se rendre à un vœu si hautement prononcé. Mais il ne suffit pas d'adopter en principe que la déportation des criminels aura lieu. Une autre question se présente aussitôt à résoudre : Comment et dans quels lieux l'opérer?

Il faut que le déporté y soit tout à la fois sûrement, sainement, utilement;

C'est-à-dire que l'éloignement soit suffisant pour rendre son retour volontaire impossible;

Que le climat soit assez salubre pour que son existence n'en soit point compromise ou abrégée;

Enfin que sa position y soit telle qu'elle puisse devenir, sous le rapport du travail et de l'industrie, profitable à lui-même comme à la mère-patrie.

Pour traiter ces différents points, je n'irai consulter ni les philosophes, ni les publicistes, encore moins les voyages, les relations, les géographies : je m'adresserai simplement à un homme connu, instruit, qui a long-temps habité les colonies, qui dès lors a pour lui l'expérience des lieux et des choses. Si je me trompe, c'est qu'il m'aura trompé lui-même; mes erreurs seront les siennes : car dans tout ce qui va suivre, je copie, et n'invente point.

Je m'empare donc ici, en les abrégeant seulement, des idées et des phrases de M. Moreau de Jonnès, qui, dans son ouvrage intitulé *le Commerce au dix-neuvième siècle*, ouvrage rempli de faits et de rapprochements curieux, a traité en passant des colonies de déportation.

« Parmi nos possessions dans les deux hémisphères, dit-il, il faut, malgré l'opinion qui a dominé à plusieurs époques (il aurait pu ajouter, et qui domine encore), exclure le Sénégal et·la Guiane des lieux où il est possible d'établir des déportés : la contiguité des territoires y rendrait trop facile l'évasion des condamnés ; l'humidité du terrain, formé d'alluvions fluviales, compromettrait leur santé et même leur vie. Enfin, ces colonies étant déjà peuplées de nègres esclaves, on ne peut y former d'établissement de déportation qu'en réunissant ce qui doit être séparé , par de puissantes considérations de sûreté , de morale et d'intérêt.

Ce sont ces obstacles qui ont fait et qui feront toujours échouer les projets de colonisation du littoral de la Guiane et du Sénégal, soit par des déportés , soit par des Européens en grandes masses (1).

(1) On lit dans un journal anglais le passage suivant, extrait de sa correspondance : «Vous pouvez être certain qu'à aucune époque la colonie française du Sénégal n'indemnisera la métropole des frais qu'elle a faits et qu'elle fait encore. Non seulement le climat y est plus meurtrier qu'à Sierra-Leone, mais la nature l'a condamné à une éternelle stérilité. L'industrie humaine ne parviendra jamais à neutraliser l'action de ce vent du désert, qui y souffle à des époques régulières, et qui dévore et brûle toutes les récoltes. » *Revue britannique*, n° 17. — 1827.

Pour les mêmes raisons les îles de la Martinique, de la Guadeloupe et de Marie-Galante ne peuvent également les recevoir. Cependant il n'est pas impossible d'indiquer dans la mer des Antilles plusieurs îles qui semblent réunir les conditions nécessaires à une colonie de déportation, et auxquelles personne n'a songé, quand on s'est occupé de cette recherche.

Ce sont l'île de Bièque, la Desirade et Saint-Martin.

L'île de Bièque, nommée aussi l'île aux Crabes, est située entre l'archipel des Vierges et Porto-Ricco. Elle a sept lieues de long sur deux et demie de large, et sa surface est de douze lieues carrées. Elle diffère peu de Marie-Galante, dont la population de douze mille habitans pourrait être portée au double. Le sol en est fertile, boiseux, bien arrosé. Il y a dans la partie méridionale trois havres, le port Royal, le port Nautique et celui de la Foi. L'île est inhabitée.

La Desirade appartient à la France depuis la colonisation des Antilles; elle dépend du gouvernement de la Guadeloupe, et se trouve à deux lieues du vent de la grande terre. Cette île sans rapport, et presque abandonnée, a six lieues carrées de surface.

Sa population, qui se compose de trois cents

blancs et de huit cents esclaves, cultive environ trois cent cinquante carrés, dont une cinquantaine sont plantés en coton. Le reste du territoire est en friche, et n'appartient à personne.

Le climat de la Desirade est sain, la chaleur modérée, et le sol médiocrement fertile.

Enfin l'île de Saint-Martin, qui dépend aussi du gouvernement de la Guadeloupe, bien qu'elle en soit éloignée de soixante lieues, est la plus considérable des trois que nous examinons. Elle présente une surface de trente lieues carrées, dont les deux tiers appartiennent à la France. Le reste est aux Hollandais. La partie française ne compte pas plus de 180 habitants par lieue carrée.

En réunissant ensemble le terrain disponible de ces trois îles, on trouve qu'il égale une superficie de 58,140 grands carrés des Antilles, ce qui équivaut à 62,558 hectares (125,116 arpents).

Cette étendue est triple de celle de toutes les terres cultivées à la Martinique, qui tient le premier rang parmi nos colonies. En supposant que le septième ne soit pas susceptible de culture, il resterait encore le double des terres que l'on consacre dans cette colonie aux cannes à sucre, aux caféiers, cotonniers et aux plantes alimentaires.

Il résulte de ces faits, ajoute M. Moreau de Jonnès, que la France a la possibilité de former des colonies de déportation, établissements dont l'impérieuse nécessité est démontrée autant que les avantages;

Que la réunion de toutes les conditions nécessaires à ces établissements se trouve dans les trois îles que nous venons de désigner.

Que dès à présent il est facile au gouvernement de former à la Desirade une colonie de 3,000 déportés, et d'en créer une seconde à Saint-Martin, où l'on pourrait en envoyer trois fois autant, avec la faculté de doubler un jour ce nombre, par l'acquisition de la partie hollandaise de l'île;

Que des négociations peuvent assurer à la France la propriété de l'île de Bièque, qui est inhabitée, et susceptible de recevoir plus de 6,000 déportés;

Que ces trois îles réunies pourraient contenir, par aperçu, une population active de 18,000 individus (non compris les garnisons et les administrations), qui serait aisément portée à plus de 30,000, si l'on y joignait la partie hollandaise de Saint-Martin, nombre plus que suffisant pour égaler celui de tous les détenus dans nos bagnes et nos maisons de détention;

Qu'au surplus, la Desirade, Bièque et la partie française de Saint-Martin, offrant à la culture une étendue de 62,550 hectares ou 125,100 arpents, ce qui donne, pour 18,000 déportés, 6 à 7 arpents à chacun, le gouvernement aurait dès à présent la facilité de transporter dans ces îles une partie des condamnés qui encombrent aujourd'hui ses prisons. »

Tels sont les idées et les moyens proposés par M. Moreau de Jonnès. Nous les rapportons sans les admettre, comme sans les rejeter. Notre ignorance complète à cet égard nous défend toute discussion, toute opinion. Il nous suffit d'avoir établi, d'après les faits, la nécessité pour la France de déporter ses détenus; la possibilité qu'elle a de le faire, d'après les connaissances étendues, positives, que possède sur nos colonies leur situation, leur sol, leur climat, un écrivain distingué, qui les a long-temps habitées, et en a fait l'objet de ses études favorites. Maintenant il nous reste à montrer quels avantages le France retirerait de cette mesure sous le rapport de l'économie de ses finances et de son commerce extérieur.

Depuis les dix ans qui se sont écoulés de 1816 à 1826, la France a dépensé pour ses détenus les sommes suivantes :

Pour le service des chaînes
et la conduite des forçats aux
différents bagnes. . . . .   1,400,000 fr.

Pour l'entretien des forçats
dans les bagnes.   35,436,000

Pour l'entretien des détenus dans les maisons centrales
de détention.   27,300,000

Pour l'entretien des con-
damnés à un an et plus de détention, qui ne peuvent trouver place dans les maisons
centrales de détention. . . .   8,000,000

Pour l'entretien des détenus dans les prisons de dépar-
tement.   39,000,000

Total. . . . .   111,136,000 (1).

Ainsi la France paie chaque année une somme
de 11 millions pour tous ses détenus. Les forçats lui coûtent environ 3,680,000 fr., et les
autres prisonniers dans les maisons centrales et
les prisons de département, 7,320,000 fr.

(1) Voir les budgets de l'intérieur et de la marine
pour ces dix années.

En estimant à 10,000 le nombre des galériens, c'est 368 fr. pour chacun par an, ou 1 fr.
par jour;

Et pour les détenus, présumés être 30,000,
c'est 244 fr. par an, ou 13 sous par jour pour
chacun.

Enfin, la dépense moyenne de tous les détenus, quels qu'ils soient, est de 275 fr. par indi-
vidu et par année.

Au reste, cette somme varie de quelque chose,
selon le prix des vivres, qui règle celui des mar-
chés.

Voilà donc une dépense avérée, positive :
chaque forçat coûte au gouvernement, pour sa
conduite au bagne, son habillement, ses fers, sa
nourriture, ses gardiens, 368 fr. par an.

Nous ne saurions évaluer ce que coûterait son
transport dans une colonie, ainsi que les frais de
premier établissement que nécessiterait cette colonie elle-même, son administration civile, militaire, etc. Nous savons seulement qu'un forçat
ne rapporte rien à l'état, et que les 18 à 20,000
condamnés aux travaux forcés qui peuplent les
maisons centrales de détention rapportent peu
de chose. A quelque somme que l'on veuille es-
timer le travail d'un nègre dans les colonies, elle
équivaudra bien au moins au produit du déte-

nu ; et l'on sait que les nègres ne sont ni les ouvriers les plus actifs, ni les travailleurs les plus
zélés.

Ainsi, sans croire à un plus grand labeur de la
part des déportés, sans tenir compte de l'extrême
différence qu'il y a à travailler pour soi-même
ou pour autrui, sans rien accorder à une intelligence plus développée, à une industrie plus ha-
bile, et en admettant un premier transport de
5,000 condamnés seulement, au bout de quelques années, leur travail donnerait une somme
de 2,500,000 francs, et de 5,000,000 quand
leur nombre serait porté à 10,000, somme qui
paraîtra plus que suffisante pour couvrir toutes
les dépenses de la colonie, si l'on réfléchit que
les premiers déportés, devenus propriétaires,
ne lui coûtent plus rien, et diminuent même les
frais des nouveaux arrivants, en en prenant à
leur service une partie, qu'ils sont dès lors tenus
d'habiller et de nourrir. A Botany-Bay, les déportés devenus propriétaires en occupent 4,600
autres, qui ne sont plus à la charge du gouvernement.

Ce n'est ici qu'un des côtés de la question ; elle
demande à être envisagée sous un autre.

Ce serait tomber dans une étrange erreur, et
se faire une idée bien fausse de la déportation

des condamnés, que de la regarder comme un simple changement de lieu, comme une prison transportée au delà des mers, à mille lieues de l'endroit où elle était auparavant. Quoi que nous ayons pu dire, cette idée fausse est et sera long-temps encore celle de beaucoup trop de gens. Des esprits engourdis par la routine, et pour qui l'habitude calque toujours sur le passé l'état du présent et celui de l'avenir; des imaginations lentes, immobiles, ne sauraient jamais voir dans les déportés autre chose que des criminels détenus dans une île déserte au lieu de l'être dans leur pays : singulière erreur! Mais ces détenus naguère ensevelis dans leurs cachots obscurs, nourris de pain noir, et couchés sur une paille infecte; ces détenus dont vous payez dans vos prisons, dans vos maisons de détention, dans vos bagnes, l'inutile et honteuse existence; ces détenus qui vous coûtent beaucoup et ne vous rapportent rien, à peine arrivés à leur destination, ne sont plus ce qu'ils étaient : ce sont les habitants nouveaux d'une terre encore vierge, qu'ils vont cultiver, féconder, et qui se couvrira bientôt de moissons, de fermes, de villages et de villes; c'est un peuple entier, au sein duquel il va se former des alliances, des mariages, d'où sortira une génération nouvelle; c'est une société qui commence, et qui, comme toutes les autres, a déjà ses besoins, ses goûts, ses passions ; qui va répandre l'industrie, le travail, la vie, là où tout était désert, silencieux, inanimé ; qui va créer des valeurs, des capitaux, des richesses, un commerce enfin, là où il n'y avait rien. Et nous dépensons cent millions pour enchaîner trente mille bras, et les empêcher de nous en rapporter deux cents peut-être ! C'est payer bien cher leur oisiveté et notre insouciance.

Et quand leurs travaux seraient onéreux, au lieu d'être productifs, ce qui arrivera en effet les premières années ; quand ils devraient exiger au loin les trois ou quatre millions que nous dépensons ici, quand il faudrait même ajouter à cette somme une autre quelconque, la France ne la donnerait-elle pas encore plus volontiers pour éloigner les forçats de son sol que pour les y nourrir ?

Au reste, pour décider nettement cette importante question, il faut calculer les frais de transport de chaque forçat de la métropole dans la colonie ;

Ce qu'il en coûtera dans cette même colonie pour son entretien pendant au moins les cinq ou six premières années qu'il y sera aux frais du gouvernement ;

Ce qu'il en coûtera pour les objets nécessaires de premier établissement, tels qu'instruments aratoires, animaux domestiques et de culture, graines, outils de toutes les espèces, frais de garde, d'administration, bâtiments à construire, etc. ;

Ce qu'il en coûtera et ce qu'il en coûte déjà pour les augmentations nécessitées dans nos bagnes par l'accroissement de leur population.

Après avoir estimé toutes ces dépenses, il conviendra de tenir compte également de celles qui sont faites et à faire encore pour l'achèvement des maisons centrales de détention créées sous l'empire. Leur nombre est aujourd'hui de dix-sept, et doit être porté à dix-huit. Les sommes demandées depuis 1820 pour compléter ces établissements se montent à 7,700,000 fr. (1). Environ quatre millions ont été employés à cet objet avant la restauration. Ainsi les maisons de détention nous coûtent déjà douze millions, et ne suffisent pas encore au besoin qui les a fait établir.

C'est à l'administration qu'appartient le soin de ces calculs. Elle a, pour les établir d'une manière sûre, exacte, tous les renseignements que

(1) Voir les budgets de l'intérieur.

nous n'avons pas. Vouloir le faire nous-mêmes serait mettre des hypothèses et des conjectures à la place de la réalité, et présenter au lecteur le faux pour le vrai. Nous devons respecter sa bonne foi, comme il croit à la nôtre.

Le véritable point de vue sous lequel on doit envisager la colonisation des déportés, le seul but politique et d'intérêt général que l'on doive se proposer par cette mesure, est donc la création d'un peuple nouveau, et de nouveaux débouchés pour le commerce. Et l'on peut assurer que ce résultat, déjà obtenu par un peuple voisin, le sera également par nous, si, en adoptant ce projet, on en règle l'exécution sur les conseils de l'expérience ; si, comme l'indique très bien M. Moreau de Jonnès, on commence à opérer la déportation non en masse, mais partiellement, de manière que les premiers arrivés préparent les logements et la culture pour ceux qui doivent les suivre ; si l'on a surtout l'attention de gouverner cette masse d'hommes par l'espoir de l'avenir, en oubliant le passé, qui pour eux n'est que crime, honte et malheur, et leur tenant compte uniquement du présent, qu'ils peuvent utiliser par le travail et rendre expiatoire par leur bonne conduite ; si l'on a soin de n'employer que des moyens de discipline intérieure

pour les surveiller , et de ne recourir à l'inter-
vention de la force armée que dans des circonstances graves ; enfin si l'on se persuade bien que
le but d'un pareil établissement est de ramener
par l'intérêt personnel et la nécessité aux habitudes d'ordre , de travail et d'amour du pro-
chain , des hommes qui n'ont oublié ces premiers sentiments et ces premiers devoirs sociaux
que par l'empire du besoin , des vices ou des
passions.

Qu'on ne s'y méprenne pas en effet : quoi
qu'on en ait pu dire , le malfaiteur est un être
faible, infirme, dont la sensibilité malade, ja-
louse, souffre et s'irrite des biens qu'il voit aux
autres et dont il est privé. Y renoncer est pour
lui un effort moral au-dessus de son pouvoir. Il
les lui faut, dût-il même les obtenir par un
crime. Aussi a-t-on dit avec beaucoup de raison
qu'il suffirait souvent de changer la position d'un
fripon pour en faire un honnête homme. L'histoire de Barrington que l'on a vue plus haut en
est un exemple fameux. Sans aller en chercher
d'autres chez nos voisins, les annales de nos tribunaux peuvent nous les fournir. Entendez la
réponse que vient de faire ce forçat échappé cinq
fois des bagnes d'Anvers et de Toulon, et chargé
de plus d'années de condamnations que trois

quarts de siècle n'en représentent, à ceux qui lui demandaient s'il n'était pas las de la vie qu'il menait. « Croyez-vous, leur dit Petit, que j'y « trouve beaucoup de charmes. Entraîné de « bonne heure dans le crime par la misère et le « défaut d'éducation, plus tard par les passions, « je n'y persiste aujourd'hui que par nécessité. « Mais puis-je faire autrement? Je n'ose me pré- « senter nulle part pour travailler. Connu ou « inconnu, l'on me repousserait (1). » Qui n'a pas lu dernièrement l'anecdote touchante d'un jeune homme qui, ayant appelé devant la cour royale de Paris d'un jugement de la cour de Reims qui le condamnait pour récidive de vol à cinq ans de prison et autant de surveillance, adressa aux juges ces paroles, qui partaient moins d'un cœur corrompu que vivement pénétré de sa triste situation : « Pendant les deux années de « ma peine, je me suis toujours bien conduit; « j'ai travaillé avec zèle à Clairvaux, où j'étais « détenu, et j'ai mérité la confiance de mes « chefs. Mais soumis, après ma peine expirée, à « la surveillance, j'ai pour vivre honnêtement « rompu mon ban et je me suis retiré dans ma

(1) Voyez le *Journal des Débats* du 16 janvier 1827.

« famille. Là je fus reconnus par l'autorité et
« conduit à Reims. Sans asyle, privé de mes
« parents, qui me donnaient de l'ouvrage, rebuté
« partout où je montrais ma carte de libéré, je
« fus obligé de voler pour vivre. Voilà mon
« crime. Otez-moi, je vous prie, cette surveil-
« lance, et je deviendrai honnête homme. »

Ce qui est simple et vrai produit toujours son
effet. Le tribunal ne pouvait l'absoudre : il avait
lui-même fait l'aveu de son crime. Mais il ré-
duisit les années de détention de cinq à deux, et
l'exempta de la surveillance qui devait les suivre (1). Il est bon de remarquer en passant que
cette mesure de haute police, qui presque jamais
ne peut prévenir le mal , empêche encore le
bien.

Il est donc vrai qu'une réunion de circonstances malheureuses peut conduire au crime celui
qui sans cela ne l'eût jamais commis. Ce sexe
doux et timide, qui semblerait par cela même
devoir y demeurer toujours étranger, ce sexe en
fournit trop souvent la déplorable preuve ; et
telle infortunée, dans l'égarement de sa honte et

____

(1) Ce jeune homme se nommait Beaudoin. Voyez
le *Spectateur des tribunaux*, et le *Journal des prisons*,
n° 15.

de son désespoir, fait périr le fruit de ses tristes amours, qui, sous l'empire d'un plus heureux destin, fidèle épouse et tendre mère, se fût parée à tous les yeux de sa fécondité.

On ne saurait donc assez le répéter, il est plus d'un cas où sa position seule fait le coupable. C'est un être faible, et qui, pour être garanti de mal faire, exige la prolongation de cette sur-- veillance rigoureuse, dont tous les hommes sans exception ont besoin jusqu'à un certain âge. Mais malgré tout le respect que l'on doit à ces philan- thropes humains, dont la vie entière a été consa- crée aux moyens d'améliorer leurs semblables, je ne croirai jamais que jusqu'à un certain point à l'amendement des condamnés dans la prison circulaire où Jérémie Bentham les surveille, non plus qu'à la civilisation des sauvages de Niew- Lanark, dans l'espèce de couvent moral où Owen les catéchise. On pourra sans doute par le tra- vail, la douceur et les exhortations, modifier le caractère et les mœurs du criminel tant que durera sa détention. Nul doute que l'empire des circonstances n'ait alors quelque effet sur lui. Mais, rendu à la société, il oubliera bientôt les leçons, les conseils qu'il aura reçus, qu'il s'é- tait peut-être donnés à lui-même. La raison en est simple.

Dans sa prison, il ne manquait de rien. Un bon habit couvrait ses membres, et à des heures fixes une nourriture suffisante réparait ses forces. Libre, il manque de tout, et le voilà replacé dans les mêmes conditions où il se trouvait avant son crime. Exposé au besoin, à ce besoin terrible, inexorable, avec lequel il n'est point de composition, il faut qu'il mange, et il n'a rien. Répondez, moralistes, philanthropes zélés : comptez-vous beaucoup sur vos exhortations, vos discours, vos conseils, aux prises avec la faim. Pour moi, je l'avouerai, quand il s'agit d'arrêter les funestes inspirations du besoin, j'aime encore mieux un morceau de pain qu'un principe.

Il n'est à mes yeux qu'un seul moyen réel, efficace, de changer le criminel : c'est de changer sa position. Il n'a rien : donnez-lui quelque chose ; attachez-le au bien, en développant chez lui le double intérêt de la famille, et surtout de la propriété (1). Vous ne sauriez le faire en

(1) S'il existe une vérité bien reconnue aujourd'hui, c'est que, des différentes manières de secourir le pauvre, la pire est de lui donner de l'argent. Comme l'argent est le signe représentatif de tout, dès que le pauvre en a, il ne songe plus qu'à le dépenser ; il le dépense mal ; il satisfait ses goûts, presque jamais ses besoins, certain

France : faites-le donc ailleurs, et croyez qu'un déporté qui cultive à mille lieues un arpent de terre dont il sait que le produit lui appartiendra vaudra toujours mieux qu'un forçat qui, sous la chaîne et les coups, enlève la vase de vos ports ou raccommode les planches usées de vos vaisseaux vieillis.

On a dit qu'il ne restait chez le criminel qu'un seul endroit vulnérable, l'amour-propre ; qu'il

qu'une nouvelle charité succédera bientôt à la première.

Il est donc plus avantageux de le mettre à même de gagner cet argent par un travail quelconque que de le lui donner. Mais alors il arrive souvent ou que le travail ne peut pas toujours lui être fourni, ce qui le dégoûte, ou bien qu'il n'en reçoit pas le profit tout entier, ce qui le décourage. D'ailleurs le travail que l'on fait pour les autres présente encore cet inconvénient qu'il anime peu le zèle et ne détourne pas des mauvaises habitudes. Combien d'ouvriers voyons-nous tous les jours déserter l'atelier qui les réclame pour aller dépenser dans le cabaret voisin l'argent qu'ils ont reçu la veille!

Cependant il vaut mieux que le pauvre doive son existence au travail qu'à l'aumône.

Mais le moyen de l'assister qui l'emporte sur tous quand il est possible, c'est de lui assurer une propriété. Vous lui donnez ainsi tout à la fois du travail qui produit des valeurs, des valeurs qui produisent de l'argent, de l'argent qui procure tous les besoins, toutes les jouisse souciait très peu de ce qui lui arriverait; mais qu'il s'inquiétait toujours de ce que les autres pensaient de lui. S'il en est ainsi, le rendre possesseur de quelque chose; le mettre à même par son travail, son industrie, de s'élever à un état de fortune qui le place au-dessus de ses égaux, et flatte cet amour-propre, c'est encore s'emparer de lui et le retenir dans les liens du devoir, par les moyens qu'il en fournit lui-même.

sances. Vous développez en même temps chez lui, et c'est là l'inestimable avantage de la propriété, les habitudes d'ordre, d'économie, de famille, qui naissent du sentiment de la possession, et d'une occupation où rien n'est peine, parce que toute peine est profit.

C'est là tout le secret de la civilisation des sauvages au Paraguay; des colonies de Fredericks-Ords, dans les Pays-Bas, pour les mendiants; de Liberia, sur la côte occidentale d'Afrique, pour les nègres affranchis des Etats-Unis. C'est d'attacher l'homme à quelque chose qui devient sa propriété, son bien, son avoir. La culture d'un arpent de terre développe plus de sentiments et de vertus que le tissage de vingt pièces de toile ou l'impression de cent rames de papier.

Qu'on ne croie pas cependant que je déclare ici la guerre à l'industrie : il ne faut rien exagérer. Mais je crois seulement que, toutes les fois qu'un pays renferme beaucoup de terres en friche et de landes inhabitées, il lui est plus utile de faire de ses pauvres des colons que des artisans.

Non que je prétende que ce soient là les seuls qu'il faille se contenter d'employer auprès de lui. Son éducation morale appelle encore d'autres soins ; elle est tout entière à faire. C'est déjà un heureux commencement que d'avoir pu relever l'espérance, le courage ; ramener, par une distribution du temps bien entendue, par un utile emploi des forces, à l'habitude d'une conduite sage, régulière, à une meilleure opinion de soi-même, celui qui l'avait perdue, chez qui tout principe, tout sentiment du bien, de l'honnête, étaient perdus. Un bon système de colonisation doit produire ce résultat. Mais là aussi se borne l'influence du physique sur le moral. C'est beaucoup, sans doute : ce n'est pas assez. Suffirait-il donc, pour revenir du crime à la vertu, d'exercer ses bras et de fatiguer son corps ?

Il est d'autres occupations, d'autres soins que ceux de labourer un champ ou de former des gerbes ; des exhortations, des conseils plus puissants encore que ceux d'un gouverneur ; des promesses et des consolations plus douces que celles d'un règlement. Ah ! qu'un bon prêtre, dont l'âme serait charitable et la bouche éloquente, pourrait faire de bien dans une pareille colonie ! C'est là que sa mission serait toute de charité et d'amour ; c'est là qu'en semant la parole divine, il recueillerait d'abondantes moissons, surtout si, mesurant l'instruction aux esprits et ses discours au genre d'auditeurs appelés à les entendre, il leur prêchait, non cette religion entourée de dogmes et de mystères que la raison la plus élevée ne peut comprendre, et qui demande la foi en humiliant l'intelligence, mais cette religion qui regarde tous les hommes comme un peuple de frères, qui veut que chacun s'aime et que chacun s'entr'aide ; cette religion de concorde et de paix, que le cœur sent avant que l'esprit la comprenne, et qui seule sait adoucir le criminel le plus endurci, amollir les mœurs les plus farouches.

Arrêtons ici ces considérations, que l'on pourrait étendre davantage, et essayons de nous résumer.

La France est arrivée à un degré de civilisation et de lumières, à un état social tel, qu'il exige d'importants changements dans son code pénal, et surtout dans les dispositions de la loi qui prononcent les travaux forcés à temps ou à perpétuité, la flétrissure, la réclusion plus ou moins prolongée dans les maisons de détention, etc.

L'humanité, la morale, l'intérêt bien senti de la société, sa sûreté, sa tranquillité intérieure, se réunissent pour demander la déportation des condamnés. Les conseils de département, les pétitions aux chambres, les journaux, les écrits, les programmes des prix proposés par les académies (1), tout ce qui représente l'opinion publique exprime ce vœu. Enfin l'on dit que le gouvernement, décidé par un accord si général, songe à adopter cette mesure.

Persuadé que le temps qui s'écoulera de la pensée à l'exécution ne saurait être long, je livre au public, à l'administration, quelques faits, quelques idées que je crois propres à éclairer la question, à indiquer la marche qu'il conviendra de suivre.

J'ai montré les résultats heureux qu'elle avait eus chez un peuple voisin, et donné quelques notions rapides sur les commencements, les progrès et l'état actuel de ses colonies de déportation.

J'ai indiqué ensuite les lieux où il serait de préférence avantageux à la France de coloniser ses

(1) La société littéraire de Mâcon vient de mettre au concours la question suivante : Indiquer, en remplacement des travaux forcés, une peine qui, sans cesser de satisfaire aux besoins de la justice, laisse moins de dégradation dans l'âme des condamnés, et proposer les mesures à prendre provisoirement pour que les forçats libérés ne soient plus livrés à la misère par l'opinion qui les repousse, et que leur présence ne menace plus la société qui les reçoit.

condamnés. Ce point est un des plus importants, puisque du choix plus ou moins bien entendu du lieu de l'établissement en dépend la ruine ou la durée, et que les opinions à cet égard sont loin d'être fixées, d'être même sans erreur.

Il fallait encore montrer comment, par le seul fait de la colonisation, le déporté se trouvait placé sous l'influence des conditions les plus propres à modifier heureusement son caractère et ses mœurs : comment, devenu tout à coup habitant d'une nouvelle patrie, possesseur de terre, chef de famille, ce changement dans sa position sociale créait chez lui des relations, des affections, des sentiments auxquels il était resté jusque là complétement étranger.

Il fallait enfin insister sur cette idée, que je crois aussi juste qu'elle est peu répandue, qu'une colonie de déportation doit être surtout considérée comme l'établissement d'un nouveau peuple sur une terre nouvelle, et dès lors comme un débouché nouveau ouvert aux manufactures, aux produits de la métropole, comme un second commerce naissant à côté de l'ancien.

Je crois l'avoir fait sentir.

Je n'ai voulu ni discuter les cas où la peine de la déportation pourra être appliquée : c'eût été me mettre à la place des magistrats ; ni m'occuper des règlements qu'il conviendra de donner à la nouvelle colonie : c'eût été me charger d'une tâche dont nos hommes d'état s'acquitteront mieux que moi. Le bon sens, secondé de l'étude, peut inspirer des idées justes sur différents sujets ; mais il est aussi rare que difficile de parler de tout et d'en parler bien.

J'aurais pu composer un volume : j'ai préféré n'écrire que quelques pages, et resserrer mes idées dans un cadre étroit, pour qu'on en saisît mieux l'ensemble. Les longs ouvrages d'intérêt public ont d'ailleurs peu de crédit parmi nous, et je ne serais pas étonné que cette courte brochure trouvât peu de lecteurs.

« Au reste, apercevoir et indiquer les maux
« politiques, a dit un écrivain distingué (1), est
« rarement un ouvrage difficile ; ce n'est sou-
« vent qu'exprimer des plaintes ; remonter à
« leurs causes, et expliquer leurs effets, ce n'est
« encore que motiver ces plaintes et leur donner
« plus de poids. »

C'est la tâche que j'ai dû choisir.

« Mais, ajoute-t-il encore, ce qui est le digne
« emploi d'une sage philosophie, ce qui est un

______

(1) Lacretelle aîné, *Discours sur les peines infa-*
mantes.

noble service pour une nation, c'est de dire l
remède en montrant le mal; c'est de prépar(
de grands changements par des moyens sim
ples; c'est d'approprier aux temps et aux mœu1
le bien qu'on se propose. »

J'ai dû laisser à l'administration cette pai
'honneur et de gloire.

FIN.